AMO LAVARMI I DENTI
I LOVE TO BRUSH MY TEETH

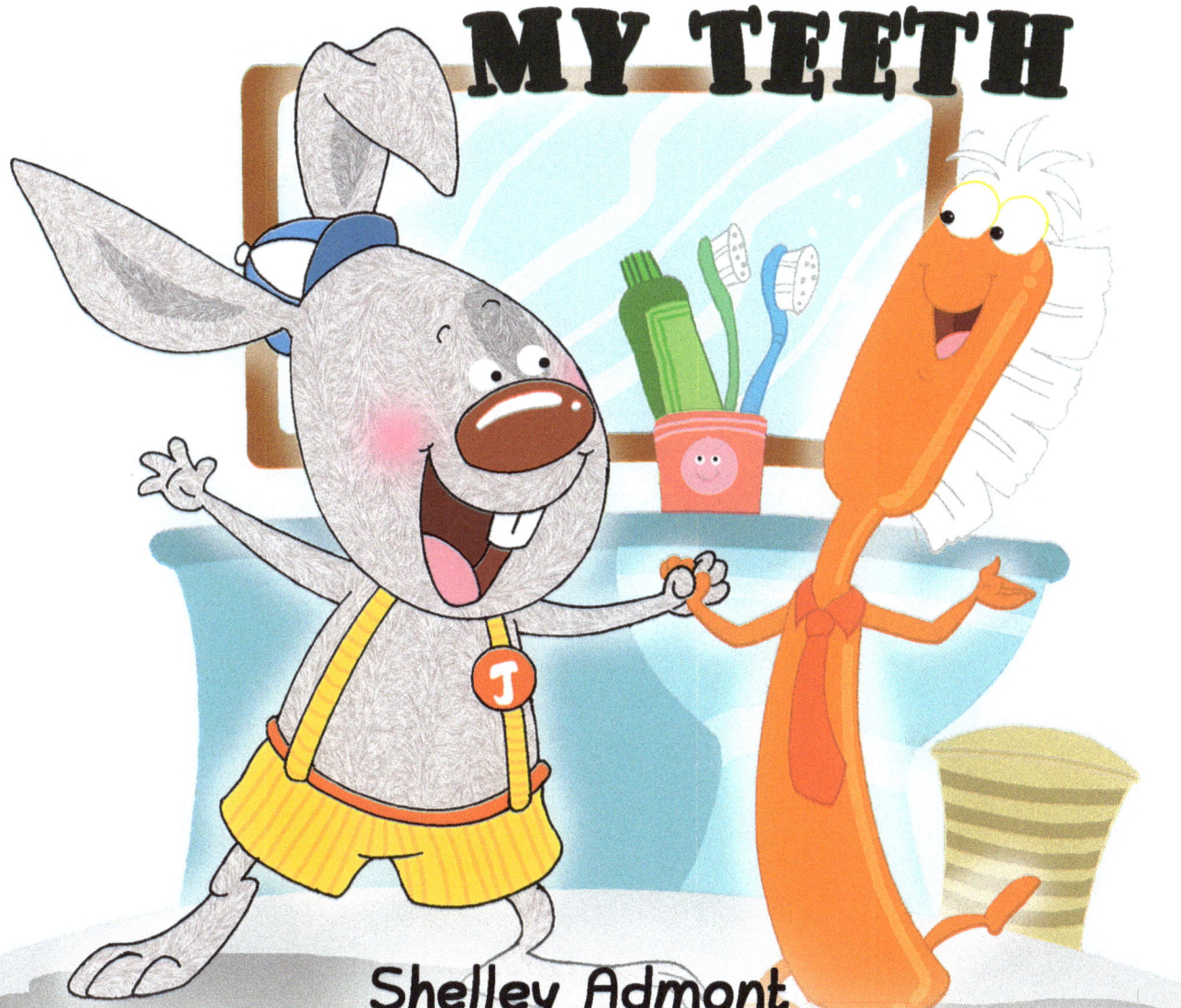

Shelley Admont
Immagini a cura di Sonal Goyal e Sumit Sakhuja

www.kidkiddos.com
Copyright©2013 by S. A. Publishing ©2017 by KidKiddos Books Ltd.
support@kidkiddos.com

All rights reserved. No part of this book may be reproduced in any form or by any electronic or mechanical means, including information storage and retrieval systems, without written permission from the publisher or author, except in the case of a reviewer, who may quote brief passages embodied in critical articles or in a review.

Tutti i diritti sono riservati. Nessuna parte di questa pubblicazione può essere riprodotta, memorizzata in sistemi di recupero o trasmessa in qualsiasi forma o attraverso qualsiasi mezzo elettronico, meccanico, mediante fotocopiatura, registrazione o altro, senza l'autorizzazione del possessore del copyright.

Second edition, 2019

Traduzione dall'inglese a cura di Annalisa Langone
Translated from English by Annalisa Langone

Library and Archives Canada Cataloguing
I Love to Brush My Teeth (Italian English Bilingual Edition)/ Shelley Admont
ISBN: 978-1-5259-1744-8 paperback
ISBN: 978-1-5259-0857-6 hardcover
ISBN: 978-1-926432-95-3 eBook

Please note that the Italian and English versions of the story have been written to be as close as possible. However, in some cases they differ in order to accommodate nuances and fluidity of each language.

Per quelli che amo di più-S.A.
For those I love the most-S.A

Era mattino e il sole splendeva nella lontana foresta. Lì, in una piccola casetta, insieme ai suoi genitori e ai suoi due fratelli più grandi, viveva il coniglietto Jimmy.

Morning came and the sun was shining in the faraway forest. There, in a small house, lived little bunny Jimmy, with his parents and two older brothers.

La mamma entrò nella cameretta di Jimmy e dei suoi fratelli.

Mom came into the room that Jimmy shared with his brothers.

Prima diede un bacio al più grande, che dormiva serenamente nel suo letto blu. Poi diede un bacio all'altro fratello, che ancora dormiva nel suo letto verde.

First she kissed the oldest brother, who slept peacefully in his blue bed. Next she gave a kiss to the middle brother. He was still sleeping in his green bed.

Infine, la mamma andò verso il letto arancione di Jimmy e gli diede un bacio.

Finally, Mom went to Jimmy's orange bed, and gave him a kiss.

"Buongiorno, piccoli", disse la mamma. "È ora di alzarsi."

"Good morning, children," said Mom. "It's time to rise."

Il fratello più grande saltò giù dal letto e si diresse verso il bagno.

Getting out of bed, the oldest brother made his way to the bathroom.

"Wow!", gridò, "Ho uno spazzolino nuovo di zecca! È blu, il mio colore preferito. Grazie, mamma". Iniziò a lavarsi i denti.

"Wow!" he shouted, "I have a brand-new toothbrush! It's blue, my favorite color. Thank you, Mom." He started to brush his teeth.

L'altro fratello lo seguì. "Anch'io ho uno spazzolino nuovo, e il mio è verde!", esclamò e inizio anche lui a lavarsi i denti.

The middle brother followed him. "I have a new toothbrush as well, and mine's green!" he exclaimed and also began to brush his teeth.

Jimmy saltò giù dal letto e si diresse lentamente verso il bagno. Perché devo lavarmi i denti? pensò. I miei denti vanno bene così come sono.

Jimmy got out of bed and walked slowly towards the bathroom. *Why even bother brushing my teeth?* he thought. *My teeth are fine as they are.*

"Guarda Jimmy", disse il fratello più grande, "anche tu hai uno spazzolino nuovo. È arancione come il tuo letto."

"Look, Jimmy," said his oldest brother, "you have a new toothbrush too. It's orange like your bed."

"Così anche io ho uno spazzolino nuovo, che bello!". Jimmy rimase di fronte allo specchio senza iniziare ancora a lavarsi i denti.

"So I have a new toothbrush, big deal." Jimmy stood in front of the mirror, but he still didn't start brushing his teeth.

"Bambini, fate presto! La colazione è quasi pronta", udirono la voce delicata della loro mamma. "Avete finito tutti di lavare i denti?"

"Kids, hurry up! Breakfast is almost ready," they heard their mother's soft voice. "Has everyone finished brushing their teeth?"

"Io ho finito", rispose il fratello più grande e corse fuori dal bagno.

"I've finished," answered the oldest brother and ran out of the bathroom.

"Anch'io", replicò l'altro fratello. Corse come il fratello verso la cucina.

"Me too," replied the middle brother. He ran after his brother to the kitchen.

"Mamma, anch'io ho finito di lavare i denti", urlò Jimmy. Stava per uscire dal bagno, quando udì una voce.

"Mom, I finished brushing my teeth too," shouted Jimmy. He was just about to leave the bathroom, when he heard a voice.

"Non è bello dire le bugie", disse la voce. "Tu non hai lavato i denti."

"It's not nice to lie," the voice said. "You didn't brush your teeth."

"Chi l'ha detto?", chiese Jimmy guardandosi intorno.

"Who said that?" asked Jimmy as he looked around in confusion.

"Da questa parte", rispose.

"Over here," was the reply.

Era il suo nuovo spazzolino arancione, imbronciato, sul lavandino. Non credeva ai suoi occhi...o alle sue orecchie!

Frowning at him was his new orange toothbrush, standing on the counter. He just couldn't believe his eyes...or his ears!

"Uno spazzolino non può parlare", disse sbalordito.

"A toothbrush can't talk," he said in a stunned voice.

"Io posso. Sono uno spazzolino magico", disse con orgoglio lo spazzolino. "Il mio lavoro è quello di assicurare che TUTTI si lavino i denti".

"I sure can. I'm a magical toothbrush," said the toothbrush proudly. "My job is to make sure EVERYONE brushes his teeth."

Jimmy si mise a ridere. "Non ho lavato i denti e non mi è successo nulla di brutto."

Jimmy laughed in response. "I didn't brush my teeth and nothing bad happened to me."

"Guardati", disse lo spazzolino. "I tuoi denti sono gialli e il tuo alito è terribile."

"Look at yourself," the brush said. "Your teeth are yellow and your breath smells terrible."

"Non è vero, spazzolino. Stai solo inventando!" Jimmy prese lo spazzolino e lo buttò via in un angolo del bagno.

"That's not true, brush. You're just making it up!" Jimmy took the toothbrush and threw it far into the corner of the bathroom.

Poi corse in cucina per la colazione.

Then he ran into the kitchen to have his breakfast.

"Non c'è bisogno di trattarmi in questo modo", urlò lo spazzolino. "Sono uno spazzolino magico e ti farò vedere quanto sono importante!".

"That's no way to treat me," shouted the toothbrush. "I'm a magical toothbrush. I'll prove how important I am!"

Jimmy era ormai già seduto in cucina vicino ai suoi fratelli.

By this time, Jimmy was already sitting down next to his brothers in the kitchen.

Prese un panino e lo avvicinò alla bocca, ma a questo punto il panino saltò fuori dalle mani di Jimmy e finì nel piatto del fratello più grande.

He took a sandwich and brought it to his mouth. But then the sandwich jumped out of Jimmy's hands right onto the plate of his oldest brother.

Invece di mordere il panino, Jimmy si morse le dita — con forza!

Instead of the sandwich, Jimmy had bitten his fingers — hard!

"Di chi è questo panino?", chiese il fratello più grande.

"Who does this sandwich belong to?" the brother asked.

"Il mio panino è scappato via da me", rispose Jimmy. "È mio!"

"My sandwich ran away from me," answered Jimmy. "It's mine!"

"Quanta immaginazione hai, tesoro. Come può scappare via un panino?", disse la mamma.

"Quite an imagination you have, sweetie. How can a sandwich run away?" his mother said.

"Non lo so come, ma è esattamente quello che è successo", disse Jimmy.

"I don't know how, but that's really what happened," said Jimmy.

A questo punto la mamma gli diede un bel piatto pieno di insalata e disse: "Ecco, potresti mangiare un delizioso piatto di insalata di verdure".

Then, Mom gave him a big plate full of salad. "Here, perhaps you would like to eat a delicious vegetable salad instead," she said.

"Buonissimo, adoro l'insalata di verdure", disse Jimmy, in procinto di iniziare a mangiare. Improvvisamente l'insalata fece un salto e si posizionò sul tavolo, vicino all'altro fratello.

"Yummy, I love vegetable salad," said Jimmy, about to start eating. Suddenly, the salad plate leaped up and settled down on the table near his middle brother.

"Guarda", disse il fratello, "come ha fatto il tuo piatto ad arrivare qui?"

"Look," said the middle brother, "how did your plate get over here?"

"Avevi ragione, tesoro! Il tuo cibo si allontana da te!", disse sbalordita la mamma. "È molto strano."

"You were right, honey! Your food is running away from you!" said their astonished mom. "That's strange."

"Mamma, ho fame. Cosa posso mangiare?", disse Jimmy.

"Mom, I'm getting hungry already. What can I eat?" said Jimmy.

La mamma ci pensò un attimo. "Che cosa ne pensi della tua torta di carote preferita? Te ne darò una bella fetta."

Mom thought for a moment. "How about your favorite carrot cake? I'll give you a big slice."

"Sì, torta di carote! La adoro", Jimmy urlò di gioia, "Grazie, mamma."

"Oh yes, carrot cake! I love it so much," Jimmy shouted happily, "Thanks, Mom."

Sennonché, prima che Jimmy potesse prendere la torta, quest'ultima iniziò a svolazzare nell'aria.

However, before Jimmy could take the cake, it began to float in the air.

Jimmy saltò giù dalla sedia e iniziò a rincorrere il pezzo di torta.

Jimmy hopped out of his chair and started chasing the piece of cake.

Saltò sul divano, ma la torta sfrecciò di nuovo sul tavolo. Jimmy corse verso il tavolo e la torta volò fuori dalla casa. Jimmy le corse dietro.

He jumped on the sofa, but the cake zoomed back to the table. Jimmy ran back to the table and then the cake flew out of the house. Jimmy rushed after it.

La torta girava intorno alla casa, mentre Jimmy non riusciva a starle dietro. Ancora un giro, un altro, un altro ancora e Jimmy continuava a seguirla.

The cake looped around the house while Jimmy trailed behind it. Another round and another and another, and still Jimmy followed.

Jimmy corse fino a quando rimase senza fiato. Stanco, si sedette davanti alla porta di casa e iniziò a piangere.

Until he had run out of breath. Tired, Jimmy sat down at the entrance of the house and started crying.

Nello stesso momento, passavano di lì due suoi amici: "Ciao, Jimmy! Perché stai seduto lì e sei così triste? Vieni a giocare con noi".

At the same moment, two of his friends were passing by. "Hey, Jimmy," they greeted. "Why are you sitting here looking so sad? Come play with us."

"Si, vengo!", Jimmy corse verso di loro. "Non crederete cosa mi è successo oggi!"

"Yes, I'd like that!" Jimmy ran towards them. "You won't believe what happened to me today!"

Ma, come aprì la bocca, gli amici urlarono:

But, as he opened his mouth, the friends shouted,

"Accidenti, che puzza! Noi andiamo a giocare da un'altra parte mentre tu vai a lavarti i denti!". Così corsero via.

"Yikes, what a stink! We'll go play somewhere else while you go brush your teeth!" With that, they ran away.

Jimmy scoppiò ancora una volta in lacrime ed entrò in casa.

Bursting into tears yet again, Jimmy entered the house.

Andò nel bagno e vide lo spazzolino magico che svolazzava nell'aria facendogli un bel sorriso.

He went to the bathroom and saw the magical toothbrush flying in the air.

"Ciao, Jimmy. Ti stavo aspettando. Adesso vuoi lavarti i denti?", Jimmy annuì con la testa.

"Hello, Jimmy. I've been waiting for you. Do you want to brush your teeth now?" Jimmy nodded.

Jimmy iniziò a lavarsi i denti, da una parte all'altra, dall'alto verso il basso, dentro e fuori. Li spazzolò fino a farli diventare bianchi e splendenti.

Jimmy started brushing his teeth, from one side to the other, top and bottom, front and back. He brushed his teeth until they became white and shiny.

Guardandosi allo specchio con orgoglio, Jimmy disse: "Grazie, spazzolino. È stato bello e piacevole lavarmi i denti. Adesso ho anche un alito profumato".

Gazing proudly at his reflection in the mirror, Jimmy said, "Thank you, brush. It was even nice and pleasant to brush my teeth. I now have sweet-smelling breath too."

"Sei fantastico", disse lo spazzolino. "Ad ogni modo, mi chiamo Leah. Sono sempre qui ad aiutarti."

"You look great," said the brush. "By the way, my name is Leah. I'm always here to help."

E così Jimmy e Leah diventarono amici. Da quel giorno, si vedono sempre due volte al giorno per proteggere i denti di Jimmy e aiutarli a crescere sani e robusti.

That's how Jimmy and Leah became good friends. Ever since that day, they've seen each other twice a day to protect Jimmy's teeth and help them grow strong and healthy.

www.ingramcontent.com/pod-product-compliance
Lightning Source LLC
Chambersburg PA
CBHW061130070526
44584CB00033B/4279